EL GRAN LIBRO

De los ZUMOS

EL GRAN LIBRO
De los ZUMOS

Irina Pawassar
Tanja Dusy

Grijalbo

Nota: Las propuestas y consejos recopilados en este libro han sido cuidadosamente
comprobados por la autora y la propia editorial. No obstante, no se asegura el éxito
en la realización del producto, por lo que queda excluida cualquier responsabilidad por
parte de la autora y del equipo editorial en los posibles perjuicios a personas o bienes.

Título original: *Smoothies*, *Green Smoothies*, *Smoothies for Kids* y *Smoothie Bowls*

Primera edición: septiembre de 2016

© 2015, 2016, Edition Michael Fischer GmbH
Esta edición recopilada de *Smoothies*, *Smoothies for Kids*, *Green Smoothies* y *Smoothies
Bowls*, publicados por primera vez en Alemania por Edition Michael Fischer GmbH en 2016,
se publica por acuerdo con Silke Bruenink Agency, Munich, Alemania.
© 2016, de la presente edición en castellano para todo el mundo:
Penguin Random House Grupo Editorial, S.A.U.
Travessera de Gràcia, 47-49. 08021 Barcelona
© 2016, Ferran Alaminos Escoz, por la traducción de *Smoothies*, e Isabel Romero,
por la traducción de *Smoothies for Kids*, *Green Smoothies* y *Smoothie Bowls*

Diseño de portada e interior: Leeloo Molnár

Créditos de imágenes:
Las fotografías de los capítulos «Zumos depurativos», «Zumos verdes» y «Zumos para niños»
son de Brigitte Sporrer. Las fotografías del capítulo «Batidos en un bol» son de Klaus-Maria
Einwanger. La foto de la autora en la página 184 es de Erik Pawassar, San Francisco.

ISBN: 978-84- 16449-14-9
Depósito legal: B-11886-2016

Impreso en Gráficas 94, S.L.
Sant Quirze del Vallès (Barcelona)

DO 49149

Penguin
Random House
Grupo Editorial

ANTES DE EMPEZAR

ENERGÍA EN 10 MINUTOS

Son divertidos, proporcionan energía y nos mantienen saludables. Quien los prueba ya no quiere renunciar a ellos. Los zumos son el mejor y más fresco tentempié diario.

LISTOS EN UN SANTIAMÉN

Son ideales para aquellos que no quieren cambiar sus hábitos alimentarios para vivir de forma saludable. Solo hay que introducir en la batidora lo que nos gusta y, en menos de diez minutos, tendremos listo el smoothie. Por eso es ideal para cuando disponemos de poco tiempo, como a primera hora de la mañana. El aparato se limpia en cuestión de segundos, y el «oro saludable» se vierte en un santiamén en un vaso con tapa de rosca. Y ya tenemos el desayuno perfecto, un apetitoso aperitivo para la oficina o simplemente una refrescante bebida para los cálidos días de verano.

SOMOS LO QUE COMEMOS

El consumo regular de zumos, especialmente los verdes, proporciona a menudo una sensación de «despertar», nos espabilamos, y las papilas gustativas se vuelven más sensibles. Podrás comprobar que ya no necesitas tanto azúcar o sal como antes. ¡Es el primer paso hacia una alimentación más inteligente!

SALUD Y ENERGÍA EN ESTADO PURO

¡El verde es la esencia! La clorofila es el pigmento que proporciona su tonalidad verde a las plantas y ejerce un efecto especialmente positivo en nuestra salud. Las verduras frescas nos aportan además enzimas importantes, útiles para la formación y renovación de la estructura celular. Cuantas más enzimas tengamos en el cuerpo, más resistente será nuestro sistema inmunológico. Nos mantendremos en forma y obtendremos la energía necesaria y la alegría de vivir.

licuadora

APARATOS

Una batidora doméstica estándar será suficiente para realizar la mayoría de las recetas. Incluso es posible obtener buenos resultados con un potente túrmix. Cuanto mejor sea la máquina, más fino quedará el puré. Para obtener una óptima molienda de semillas de granada, col verde, calabaza y nueces será necesaria una batidora de alto rendimiento. Ya sea deliciosamente cremosa, con pequeños trozos de fruta, o líquida como el zumo, la mezcla final dependerá únicamente de nuestros gustos.

REGLAS BÁSICAS

Es importante que los productos sean de temporada y de la región. Tampoco necesitas siempre superalimentos exóticos. Por tanto, este libro contiene recetas locales, aunque también tropicales si no disponemos de las típicas frutas y verduras autóctonas. ¡Y siempre puedes añadir los superalimentos como ingredientes extras!

Las recetas son todas veganas, a menos que quieras endulzarlas con miel. Si no quieres prescindir de la leche de vaca o del yogur, puedes utilizarlos en sustitución de la leche de almendra o de arroz. Los ingredientes como el azúcar, los productos derivados del trigo o la leche de soja quedan descartados. Por supuesto es deseable utilizar alimentos de origen ecológico, aunque no siempre es posible o económicamente factible. Las cantidades sugeridas para todas las recetas están calculadas para una o dos personas, pero pueden modificarse a voluntad. Una parte de las recetas procede de la marca Super Danke.

SIN MÁS PREÁMBULOS

¡Ya no hay excusa para que empieces a hacer algo por tu salud mientras pasas un buen rato!

INGREDIENTES

VERDURAS: Lo importante es que sean frescas, autóctonas y de temporada. Las hortalizas orgánicas y las verduras de la huerta son la mejor opción. Las vitaminas, los minerales y la fibra hacen de la verdura, aparte de su baja aportación de calorías, el ingrediente perfecto para adelgazar.

FRUTAS: Tienen un sabor delicioso, son saludables y confieren al batido su dulzor. Junto a las vitaminas, los minerales y las fibras esenciales, la fruta contiene una gran cantidad de sustancias vegetales secundarias. Es mejor adquirir piezas maduras, autóctonas y de temporada. Cuanto más madura, menos necesidad tendrás de endulzarla.

HIERBAS: La clorofila se encuentra especialmente en las verduras de hoja verde y en las hierbas frescas. Ayuda a desintoxicar el cuerpo, es antioxidante y protege el sistema inmunológico.

LÍQUIDOS: Para diluir los zumos hay que utilizar ante todo el agua, que no tiene calorías adicionales. Es mejor utilizar agua mineral pura, aunque el agua de coco, la leche de almendra o la de arroz son saludables y deliciosas alternativas.

ESPECIAS: El cardamomo, la menta, la vainilla, el jengibre, el chile y otras especias se pueden utilizar al gusto y aportan a los zumos y batidos un sabor exótico añadido, con un efecto positivo para la salud.

PARA ENDULZAR: ¡Nada de azúcar! Endulza tus zumos con dátiles (sin el hueso), azúcar de coco, miel, jarabe de arce, azúcar de abedul (xilitol) o stevia. Para muchos, la fructosa de la fruta es suficiente. Si quieres renunciar de la fructosa, utiliza fruta baja en azúcar como manzanas o peras.

MACA EN POLVO: Estos legendarios polvos proporcionan la energía necesaria para los esfuerzos cotidianos.

FRUTOS SECOS Y SEMILLAS: Es mejor adquirir los frutos secos de cáscara dura enteros; siempre puedes molerlos si es necesario. Los frutos secos y las semillas contienen mucha grasa, un montón de fibra y proteína. Son por tanto valiosas bombas energéticas y nutricionales.

ASAÍ EN POLVO: La baya del asaí está considerada como uno de los mejores adelgazantes naturales, y es un magnífico agente contra el envejecimiento.

SEMILLA DE CHÍA: Esta especial fuente de energía es rica en ácido graso omega 3 y muchos otros ingredientes de gran valor nutritivo.

CÁÑAMO EN POLVO/SEMILLA DE CÁÑAMO: Se encuentran entre las mejores fuentes de proteínas del mundo. Como ingrediente para los zumos, son ideales las semillas sin cáscara o en polvo.

JENGIBRE: El jengibre es conocido por sus efectos beneficiosos sobre la salud. Es energético, fortalece las defensas del cuerpo y mantiene el calor interno del organismo.

CACAO (CRUDO): En crudo, el cacao natural es una magnífica fuente de antioxidantes, y es el número uno entre los productos naturales que ayudan a perder peso.

CARDAMOMO: Según el Ayurveda, el cardamomo ayuda a la digestión, reduce la hinchazón, desintoxica el cuerpo de cafeína y mejora la circulación de la sangre en los pulmones.

INGREDIENTES

ESPIRULINA/CHLORELLA: Son algas ricas en albúmina que sorprenden por sus efectos purificadores.

STEVIA: Este edulcorante natural puede sustituir al azúcar y a la miel. Es también apropiada para diabéticos. Tiene un intenso sabor, y debes utilizarla solo en pequeñas cantidades.

ORTIGAS: Si conseguimos recolectar las hojas (mejor con guantes y con un apretón firme), esta planta es una maravillosa fuente de proteínas. Es también muy recomendable el consumo de sus semillas.

COL RIZADA: La col rizada cuenta entre los alimentos con más propiedades alimentarias y con más beneficios para la salud. Repleta de vitaminas, minerales y fibra, la col enriquece cualquier zumo. Si no tienes col rizada a mano puedes reemplazarla por cualquier otro tipo de col verde.

PODAGRARIA: Las llamadas «espinacas silvestres» son fuente de vitaminas y minerales.

COCO: El agua de esta fruta tropical se considera un auténtico superalimento porque se parece al plasma sanguíneo y está lleno de electrólitos que son importantes para que el cuerpo no se deshidrate, por ejemplo, en los deportistas. El coco rallado se puede adquirir fácilmente en casi cualquier supermercado o tienda de productos alimentarios, es saludable y tiene un sabor magnífico, ya sea como parte del zumo o utilizado como guarnición.

SEMILLAS DE LINO O LINAZA: estas semillas están llenas de ácidos grasos omega 3 y de fibra, por lo que son un buen remedio en caso de estreñimiento.

DIENTE DE LEÓN: La planta es un verdadero remedio milagroso porque estimula el metabolismo y es bueno para el hígado.

GRANOLA SIEMPRE CRUJIENTE

80 g de almendras
150 g de copos de avena o de espelta
25 g de semillas de girasol
25 g de semillas de sésamo
25 g de semillas de cáñamo
25 g de semillas de lino
30 g de coco rallado
¼ cdta. de canela en polvo
Una pizca de jengibre en polvo
Una pizca de cardamomo
4 cdas. de miel o jarabe de arce
3 cdas. de aceite de girasol
50 g de arándanos rojos o bayas goji,
al gusto

La elaboración es muy sencilla:
Precalentar el horno a 180 ºC.
Mientras, cortar las almendras con
un cuchillo grande en trozos no muy
pequeños (cortarlas por la mitad o en
tres trozos es suficiente). En un bol,
mezclar las almendras troceadas con los
copos, las semillas, el coco rallado y las
especias. Verter encima la miel o jarabe
de arce y el aceite de girasol y, con la
ayuda de una cuchara o con las manos,
mezclar todo muy bien hasta conseguir
una mezcla bastante pegajosa.
Colocar la mezcla encima de una bandeja
de horno forrada con papel y, con la
ayuda de una cuchara, extender la masa
por toda la bandeja de manera uniforme.
Colocar la bandeja en el horno
precalentado a 180 ºC (con ventilador
a 160 ºC) y hornear durante 20-25
minutos, hasta que todo esté bien
dorado. Durante este tiempo, debe
removerse un poco la mezcla (una o dos
veces) para que no se formen grumos.
Al cabo del tiempo indicado, sacar
la bandeja del horno y dejar enfriar
la granola. Vigilar que no se formen
grumos grandes, si es que no te gustan.
Por último, mezclar las bayas con la
granola y guardar todo en un recipiente
con cierre hermético.

ZUMOS

depurativos

PEREJIL & CO.

He aquí un saludable batido a base de manzana, verduras y el perejil que le da el nombre.
Su intenso color verde lo convierte en una bebida divertida que despierta el ánimo.

CONSEJO

Para una dosis extra de proteínas puedes añadir una cdta. de espirulina o de chlorella en polvo.

UN POCO
DE MENTA FRESCA

60 g de
perejil fresco

PUEDES ENDULZAR CON
MIEL Y STEVIA SI ES
NECESARIO

50 G DE BRÓCOLI
CRUDO

1 TALLO
DE APIO

1 MANZANA

80 g de pepino

300 ml de agua

TANGO DE MANGO

El mango está lleno de vitaminas y es energético. En la India es, con más de 100 variedades, el fruto nacional. Combinado con el hinojo y la naranja proporciona un sabor fresco y original.

100 ML DE AGUA

100 ML DE ZUMO DE NARANJA RECIÉN EXPRIMIDA o bien 1 NARANJA ECOLÓGICA CON UN POCO DE CÁSCARA

1 mango maduro de tamaño medio (trozos de mango, frescos o secos y humedecidos)

unos 80 g de hinojo fresco

CONSEJO

Tango de Mango es un smoothie ideal para los niños. Por su dulzor, es fácil de combinar disimuladamente con la verdura.

21

JUANITO COL

Este es un batido verde, refrescante y delicioso. Combinado con naranja o plátano, es ideal tanto para el verano como para el invierno, ¡y ayuda a estar de buen humor!

120 ml de leche de coco o de arroz

1 plátano

40 G DE COL RIZADA

1 naranja (trozos enteros sin corteza)

4 CUBITOS DE HIELO

2

3

1

23

GOJI QUEEN
ARONIA QUEEN

Los tibetanos utilizan las bayas goji desde hace 2.500 años, pero en Europa son conocidas desde hace relativamente poco. Nuestra variante local es la aronia, que proporciona al smoothie una deliciosa tonalidad lila que sustituye al naranja intenso.

2 cdas. de bayas goji

siempre dejar las bayas secas en remojo durante un rato, y utilizar esta agua para la preparación

o bien

2 cdas. de bayas de aronia

1 CDA. DE JARABE DE ARCE O MIEL

1 plátano

1 MANZANA

un poco de vainilla (en polvo o extracto)

300 ml de agua

25

SUMMER DREAM

¡Una bebida de verano maravillosamente refrescante para los días calurosos! Muy adecuada también como bebida para las fiestas; añadir simplemente un chorrito de ron blanco, ¡y listo!

10 O MÁS
HOJAS DE
MENTA FRESCA

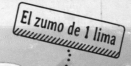
El zumo de 1 lima

CUBITOS DE
HIELO
AL GUSTO

*unos 800 g
de sandía*

SMOOTHIE HALLOWEEN

¿Miel, calabaza, naranja y plátano?
¡Insólito, pero increíblemente delicioso!
El sabor a nuez de la calabaza de
Hokkaido y el frescor de la fruta
armonizan a la perfección.
El cardamomo proporciona ese
toque especial.

CONSEJO

Para esta receta necesitarás,
dada la consistencia de la calabaza,
una batidora de alto rendimiento.

+ AGUA, EN FUNCIÓN DE LA CONSISTENCIA DESEADA

1 cda. de jarabe de arce o miel

¼ cdta. de cardamomo en polvo

1 plátano

200 G DE CALABAZA DE HOKKAIDO *cruda y con corteza*

King Louie

El cereal le proporciona el toque crujiente, la banana y el ligero sabor a chocolate y coco convierten este smoothie en un sustituto perfecto para el desayuno. Te satisface y proporciona todo lo necesario para empezar bien el día.

2 cdas. de muesli crudo (sin tostar)

1 plátano maduro

70 ML DE LECHE DE MACADAMIA

1 cda. de semilla de chía

90 ML DE AGUA DE COCO

1 cdta. de cacao crudo en polvo

2 cdas. de chips de coco natural

adornar con 1 cdta. de semilla de cacao

+ 4 cubitos de hielo

31

SMOOTHIE MEDITERRÁNEO

¿Echas de menos el azul del Mediterráneo, el verano y los cálidos rayos de sol? Este extravagante smoothie puede aliviarte; está lleno de vitamina C, y recuerda los aromas del Mediterráneo oriental y el canto de los grillos.

3-4 higos frescos

el zumo
de ½ limón

200-300 ml de agua

1 granada
(solo las semillas)

2-3
DÁTILES

CONSEJO

Pon las semillas de granada
en un cuenco lleno de agua.
Así no salpican.

KALE RIDER

¿Col en un smoothie? ¡Sí! La piña y el agua de coco lo vuelven dulce y sabroso. Esta inusual combinación te sorprenderá gratamente.

2 CDAS. DE AGUACATE

el zumo de 1 lima

150 g de piña

un puñado (unos 60 g) de col rizada (quitar antes los tallos)

300 ML DE AGUA DE COCO

CONSEJO

En lugar de agua de coco puedes utilizar agua (bien filtrada).

35

LECHE DORADA

La estrella de este smoothie es la cúrcuma. Este milagroso tubérculo está considerado una planta medicinal gracias a su ingrediente activo, la curcumina. En los días fríos, este smoothie, dulce y ligeramente fuerte, es un auténtico reconstituyente.

2-3 cdas. de jarabe de arce o 4 dátiles

20 G DE RAÍZ DE CÚRCUMA FRESCA, O 1 CDTA. DE CÚRCUMA EN POLVO

un trozo pequeño de jengibre fresco

unos 300 ml de leche de almendra

LOW CARB

La mezcla de verduras, frutas y hierbas, y la ligera intensidad del jengibre hacen de este smoothie algo muy especial; además proporciona ingredientes de gran valor nutritivo.

10 G DE PEREJIL

de tamaño mediano

60 ml de agua

30 g de espinacas

1 MANZANA

½ PIMIENTO AMARILLO

un puñado
(60 g)
de uvas

1 cda. de zumo de limón

un trozo
pequeño de
jengibre

4 cubitos de hielo

PINK POWER

¿Cómo puedo conseguir que mi hijo coma algo tan saludable como la remolacha? Con el smoothie Pink Power, adornado con pepitas de cacao. Es dulce, refrescante y muuuuy delicioso...

bonita ♡

adornar con pepitas de chocolate

80 G DE REMOLACHA CRUDA

100 ml de agua

200 ml de leche de almendra o de arroz

3 cdas. de jarabe de arce o miel

UN POCO DE MENTA FRESCA

Smoothie tropical

Si los ingredientes autóctonos te parecen demasiado aburridos en pleno invierno, cuando los días son más oscuros, los sabores tropicales te proporcionarán un agradable estímulo. Y, con algo de imaginación, podrás incluso evocar el sonido del mar.

cilantro fresco
al gusto

1 plátano

1 FRUTA DE LA PASIÓN
O 1 PAPAYA

el zumo   1 lima
de

200 ml de agua

30 g de copos de coco
(o 100 ml de agua de coco)

200 G DE PIÑA

43

Total Local Smoothie de invierno

Un delicioso smoothie, típico del Norte, para el invierno. La mezcla de remolacha, col rizada, manzanas y otros ingredientes cubre de colorido y sabor el invierno. El tupinambo, también llamado «alcachofa de Jerusalén», es un milagroso tubérculo de aspecto poco llamativo, pero lleno de vitaminas y hierro.

CONSEJO

Los brotes cultivados en casa proporcionan muchas vitaminas en invierno.

endulzar al gusto

unos 50 g de remolacha cruda

unos 50 g de tupinambo crudo

1 MANZANA

consejo

1 cdta. de cáñamo en polvo

un manojo de col rizada

200 ml de agua

un puñado de hojas de mora, o de hierbas frescas

BROTES

1 cda. de bayas de aronia (en remojo)

45

SMOOTHIE VERDE COMÚN

¡He aquí una bebida llena de energía y poder curativo! El verde es intercambiable, aunque cuanto más oscuro, mejor. En verano es preferible utilizar hierbas silvestres, como dientes de león, ortigas, podagraria o tréboles, y col rizada en invierno.

CONSEJO

Si lo deseas, puedes añadir un superalimento, como cáñamo, maca en polvo o semillas de chía.

un puñado de verde, por ejemplo:

1 manzana

COL RIZADA

canónigos

JENGIBRE EN LÁMINAS

sin pelar

un trozo de pepino

HIERBAS

1 PLÁTANO

1 cda. de semillas de lino trituradas

UNOS 300 ml DE agua

47

BLUEBERRY DREAM

Este sueño a base de arándanos es dulce y saludable. A los niños les encantará la «leche de arándano», y si utilizamos menos agua para obtener una consistencia más espesa, disfrutaremos de una saludable y sabrosa mermelada.

coco rallado para adornar

300 ml de agua

O

100 ml
de agua
+ 200 ml
de leche
de almendra

la leche intensifica
el color del arándano

125 G DE ARÁNDANOS

un poco de vainilla
(en polvo o en extracto)

1 PLÁTANO

Antirresaca

Este verde y exótico smoothie con mango, aguacate, plátano y uva despierta y reanima el cuerpo. ¡Las semillas de chía lo convierten en una auténtica bebida energética!

adornar con ½ cdta. de semilla de chía

½ mango

40 g de col rizada

20 g de aguacate

½ plátano

100 ml de agua de coco

I RACIMO (60 G) DE UVAS

1 CDA. DE SEMILLA DE CHÍA

50 ml de leche de arroz

4 CUBITOS DE HIELO

CHAI SMOOTHIE

Disfrútalo en los días de calor con cubitos de hielo.
Si hace frío, templado adquiere todo su sabor.
Como la receta original india,
convence por su sabor dulce,
picante, ligeramente
fuerte y con aroma
a canela.

3 CDAS. DE JARABE DE ARCE O DE MIEL

¼ de nuez moscada
(si es posible, recién rallada)

¼ cdta. de cardamomo en polvo

½–1 CDTA. DE CANELA

un trozo de jengibre fresco

300 ml
de leche de almendra

UN POCO DE VAINILLA
EN POLVO O EN EXTRACTO

53

SMOOTHIE DE CACAO

Quien de pequeño se volvía loco por la Nutella, ¡adorará esta versión! básicamente, este smoothie es una alternativa genial, sabrosa y saludable a una bebida de cacao, fría o caliente. La sal intensifica aún más su dulzor.

3 CDAS. DE JARABE DE ARCE

60 G DE AVELLANAS O NUECES DE BRASIL EN REMOJO (TAMBIÉN PUEDEN SER TOSTADAS)

100 ml de agua

1 cda. de cacao en polvo

200 ml de leche de almendra

CONSEJO

Para disfrutar de un SMOOTHIE AFTER-EIGHT, añade menta fresca o seca.

un poco de vainilla (en polvo o en extracto)

una pizca de sal

BLOODY HELL

Una mezcla refinada y muy acertada a partir de uvas, remolacha, zumo de naranja y menta, con una intensa y maravillosa tonalidad púrpura, y un sabor que nos obligará a repetir.

4 HOJAS DE MENTA

4 cubitos de hielo

1 REMOLACHA

1 cda. de semillas de lino

1 racimo de uvas rojas o verdes (60 g)

1 cdta. de zumo de limón

1 cdta. de açaí en polvo

100 ML DE ZUMO DE NARANJA RECIÉN EXPRIMIDO

ZUMOS
verdes

ROJO Y NEGRO

fresas y albahaca: el combinado veraniego para los paladares más exquisitos. Las fresas son auténticas bombas de vitamina C, tienen pocas calorías y además están muy ricas. La albahaca, considerada la reina de las hierbas, proporciona unos nutrientes espléndidos para sentirse casi como un rey.

100 ml de agua

250 g de fresas

½ plátano

8-10 hojas de albahaca

OPCIONAL: 2-3 SEMILLAS DE CARDAMOMO

61

ROCK IT BABY

¡Rúcula rock! En este smoothie se unen
el sabor picante de la rúcula
con el jugoso frescor de la naranja.
¡Es fabuloso! Se dice que la cáscara
de la naranja es incluso más saludable
que la pulpa, siempre y cuando sea
ecológica, claro.

1 NARANJA ECOLÓGICA CON

ALGO DE CÁSCARA

30 G DE RÚCULA

½ plátano

OPCIONAL

ENDULZAR AL FINAL CON
AZÚCAR DE FLOR DE COCO

A-GAME

Manzanas, dátiles, espinacas, aguacate: ¡una bebida energética rebosante de salud para mantenerse en forma! Muy apropiada para llevar por ahí o para hacer deporte.

50 g de espinacas

110 g de manzana...?

20 g de dátiles

5 g de semillas de chía

40 G DE UVA

40 G DE AGUACATE

760 ML DE LECHE DE ARROZ O DE COCO

Cubitos de hielo al gusto

siemprellena

¡La col es el nuevo superalimento por excelencia!
Con muchas vitaminas, minerales y fibra, esta hortaliza
resulta muy beneficiosa para la salud. Junto al aguacate
que contiene abundantes grasas saludables, da como
resultado un smoothie verde riquísimo y supernutritivo.

consejo

Quien desee aprovechar
la cáscara del kiwi, mejor que
utilice un kiwi de cultivo biológico.

ñam...

un puñado de col rizada (30-40 g) sin tallo, otra alternativa es la col verde

200 ml de agua

1 CDA. DE AZÚCAR DE FLOR DE COCO O AZÚCAR DE ABEDUL (XILITOL)

1 KIWI

¡1 pera

1/4 DE AGUACATE

Sexy
Sexy
zumo
zumo

Casi como un verdadero cóctel de playa, solo que aún mejor. Lleno de nutritivos minerales, antioxidantes y clorofila. El sabor tropical aporta buen humor y ¡sabe a sol, a playa y a mar!

unos 10 g
de cilantro

250 g

1 cda. de
aguacate

de Piña

20 g
de copos de coco

1 cda. de semillas de sésamo (15 g).
Tostadas también están muy ricas,
pero son menos alimenticias.

MANGO MEXICANO

Las espinacas, la fruta y la leche de almendras son muy saludables y ¡saben superricas! Al ser triturados en una batidora de alto rendimiento, el cuerpo absorbe todos los ingredientes de forma inmejorable.

40 g de espinacas

170 ml de leche de almendras

200g de mango

70 G DE UVAS VERDES

15 G DE SIROPE DE AGAVE

cubitos de hielo

1
2
3
4

71

ROAD DRINK

La ortiga es tremendamente saludable. Con albaricoques y melocotones, ¡el resultado es un cóctel veraniego dulce y refrescante! Un poco de espirulina en polvo aportará una dosis extra de proteínas y este intenso color verde.

GO

UN PUÑADO (UNOS 20-30 G) DE ORTIGAS (TAMBIÉN CON SEMILLAS)

200 ml de agua

4

5

3

6

1 CDA. DE AGUACATE

2

7

1

8

albaricoques naturales o secos

3 MELOCOTONES

1 cdta. de espirulina

73

Sueño de verano

Es el smoothie por excelencia de los superalimentos de cercanía. El diente de león proporciona una enorme cantidad de saludables nutrientes, las frambuesas y los dátiles le dan el dulzor necesario, ¡y la menta fresca pone el toque final de frescor a esta bebida energética!

consejo

Lo mejor es solo utilizar las hojas pequeñas y medianas de los dientes de león porque contienen más vitaminas.

150 ml de agua

200 g de frambuesas

DÁTILES

4 - 5

5 g de hojas de menta

un puñadito
de diente de león
(unos 20 g)

Brebaje salvaje

La podagraria es mucho más que una mala hierba molesta. Esta valiosa hierba curativa está llena de vitaminas y nutrientes en su interior y además es muy fácil de digerir en verano. La fruta dulce hace de este smoothie una auténtica bebida energética.

15c ml de agua

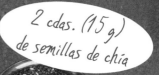

2 cdas. (15 g) de semillas de chía

unos 20 g de podagraria

1 plátano

250 g de albaricoques

(SIN HUESO)

77

Adorno:

cáñamo en polvo

Piña express

Muesli más smoothie: ¡esto da como resultado
un desayuno muy rico y saciante! Por la mañana,
la piña despierta la mente y el plátano aporta
calcio, importante para empezar bien el día.

130 g de piña

100 g de plátano congelado

15 g de dátiles

15 g de muesli

80 ML DE LECHE DE AVENA

40 g de espinacas

5 g de proteína de cáñamo en polvo

4 cubitos de hielo

Limonada verde lima

Limonada, sí, siempre y cuando sea saludable. Esta tiene un gusto chispeante como el verano, es fresca y verde como un prado y además está rica. La menta, tan efectiva como planta medicinal, le da a esta bebida el toque genuino de sabor.

100 ml de agua

opcional:
100 ml de agua mineral

5 g de hojas de menta

El zumo de 1
LIMA o 1 LIMÓN ecológico

[CON UN POCO DE CÁSCARA]

2 CDTAS. DE AZÚCAR DE FLOR DE
COCO O AZÚCAR DE ABEDUL [XILITOL]

½ pepino
(UNOS 300 G)

HONEY & TINI ♡

¡Esto sabe a verano! El melón está lleno de vitaminas,
es dulce como el azúcar y le da un bonito color al smoothie.
En los días cálidos, añadir unos cubitos de hielo y listo;
es la bebida más saludable del verano.

Adorno:
un poco de ralladura de limón

350 G DE MELÓN

hojas de menta
al gusto

EL ZUMO
DE 1
LIMÓN
ecológico

3-4
CUBITOS
DE HIELO

El rey del hierro

¿Perejil en un smoothie? Sí, porque esta hierba aromática es mucho más que un simple adorno, contiene una importante cantidad de hierro. Con hinojo y naranja se obtiene un cóctel refinado, saludable y muy rico.

UN PUÑADITO
DE PEREJIL

150 ml de agua

2 NARANJAS
ECOLÓGICAS
(con un poco de cáscara)

80 g de hinojo

green MACHINE

¡Energía verde! Este cóctel de alto contenido en hierro sabe rico y al mismo tiempo es muy saludable. El tallo del apio es una verdadera bomba de nutrientes ¡y la porción de jengibre le da la chispa especial!

14c ml de agua

15 G DE PEREJIL

2 ml de aceite de oliva

2 G DE JENGIBRE

40 G DE TALLO DE APIO (con hojas)

80 G DE PEPINO SIN PEPITAS

10 g de sirope de agave

10 g de limón

4 cubitos de hielo

150 G DE MANGO

BOMBA NUTRITIVA

¿Col rizada y mango? ¡No puede haber un superalimento más energético y más saludable! Este combinado afrutado y fresco mantiene en forma y da fuerza para todo el día.
En Inglaterra y Estados Unidos este smoothie con col rizada (*kale* en inglés) disfruta de un estatus de culto.

150-200 ML
DE AGUA

1

mango

15 G DE SEMILLAS DE LINO

Las semillas de lino bien trituradas en una batidora de alto rendimiento favorecen la digestión.

UN PUÑADO DE

col rizada

HAPPY PEAR

«Y llegó la estación del otoño dorado...» la pera, tan buena como antigua, contiene la hormona de la felicidad, vitamina B y además fortalece el sistema nervioso. Batida con semillas de cáñamo se obtiene un cremoso smoothie que nos abastece de inmejorables reservas para los primeros días fríos. Y dicho sea de paso, el título es un homenaje al mejor café-restaurante de Irlanda...

3 CDAS. DE SEMILLAS DE CÁÑAMO PELADAS (40 G)

4-6 DÁTILES

2 peras

un puñadito de perejil

100 ml de agua

MAGIA POTAGIA

¡La acelga roja es un superabastecedor de clorofila y hierro! Las uvas proporcionan energía rápida, pero deben ser de cultivo biológico. Mezclada con semillas de chía hace desaparecer el cansancio con absoluta rapidez.

15c ml de agua

un puñado de acelgas rojas (sin tallo), 80 g

unos 20 g de uvas verdes

1 plátano

2 CDAS. DE SEMILLAS DE CHÍA

RÚCULA ROCKET

¡Una fantástica combinación con clorofila, fruta y nueces! La rúcula es muy sana y proporciona mucho hierro y calcio. Crece en el borde de los caminos, aunque no se encuentra fácilmente.

150 ml de leche de nueces

150 g de manzana

85 g de plátano

4 CUBITOS DE HIELO

30 g de rúcula

95

Goa Beach

Otro cóctel playero: exótico, tropical, sensual.
Ya Cristóbal Colón llamó a la papaya el «fruto
de los ángeles» y es supersaludable. El chile estimula
el metabolismo y nos reconforta por dentro...

Adorno: unos cuantos copos de coco o un puñado de pepitas de papaya.

100 ml de agua

alternativa: agua de coco

El zumo de 1 lima ecológica

con un poco de CÁSCARA

UNAS HOJAS DE MENTA
al gusto

1/2 papaya con pepitas

500-600 g

1 trocito de chile rojo

2 cdas. de copos de coco

97

Zumo BRO

El brócoli tiene un efecto desintoxicante y se cuenta entre las variedades de hortalizas más saludables. Mezclado con el reconfortante y picante jengibre, se obtiene un sabroso smoothie de invierno que es diferente.

1 LIMÓN exprimido

2 NARANJAS ecológicas [CON UN POCO DE CÁSCARA]

1 CDA. de aguacate

un trocito de JENGIBRE

70 G de brócoli [LAS FLORES SIN EL TALLO]

99

ZUMOS
para niños

Mrs. Strawberry

¡La espléndida fresa, jugosa e intensamente roja! Súper para el sistema inmunológico, tan rica y tan estupenda para combinar. Como en este veraniego smoothie con menta. Las hojas no solo son decorativas sino que tienen un ligero efecto tranquilizante.

Opcional: nibs de cacao también de adorno

100 ml de agua

3 g de hojas de menta (unas 18 hojas)

½ PLÁTANO

250 g de fresas

BANANA JOE

La ortiga es una auténtica hierba milagrosa. Está repleta de hierro saludable y crece en todas partes. Si nos entendemos bien con ella ¡será un amor para toda la vida! Para cubrir su sabor amargo, combinar con mucha fruta.

UN PUÑADITO DE ORTIGAS
(UNOS 20 G) – CON SEMILLAS
PERO SIN TALLO

150 ml de agua

KIWI

MANZANA

1 PLÁTANO

Pink Milk

Un smoothie poco corriente, muy rico, cremoso y rosado. De hecho la rosa es una antigua planta curativa que según se dice actúa como antiinflamatorio. ¿Y la remolacha? ¡Es una auténtica explosión de vitalidad!

1 ROSA ROJA DE CULTIVO BIOLÓGICO

UN PEDACITO DE REMOLACHA (unos 20g)

1 CDA. de azúcar de flor de coco o xilitol

250-300 ML DE LECHE DE ALMENDRAS O DE AVENA

2 CDAS. DE SEMILLAS DE CÁÑAMO

Johnny Blue

¡Este es otro estupendo smoothie veraniego! Las bayas azules y el sabor dulce del plátano aportan una gran cantidad de vitamina C y calcio a nuestro cuerpo. El color lila recuerda a las cálidas noches de verano y nos entran ganas de beber más.

200 ml de agua

1 Plátano

150-200g de arândanos

Un puñadito de diente de león (25 g)

OPCIONAL:
ENDULZAR AL FINAL CON AZÚCAR DE FLOR DE COCO

ZUMO DE DRAGÓN

¡Alarma por podagraria! Sabe un poco como el apio y es rico en vitaminas. Por cierto, si se colocan unas hojas machacadas sobre quemaduras y picaduras de insectos, se obtiene un alivio inmediato.

150 ml de agua

5-6 dátiles
al gusto

1
2
3
4
5
6

UN PUÑADITO DE PODAGRARIA (UNOS 25 G)

1 CDTA. SEMILLAS DE LINO

2 plátanos

111

MacPepin

Los pepinos son estupendos para el intestino. Combinados con menta tienen un gusto muy refrescante, a vacaciones de verano.

Consejo:
¡Con agua de coco también está superrico!

150 ml de agua

1 manzana

1 LIBRA DE AZÚCAR DE FLOR
DE COCO O XILITOL

½ pepino

unos 6 g de
hojas de menta

½ limón
exprimido

Princesa Sandía ♥

Mucha vitamina A, un incomparable sabor a verano y gracias a las semillas de chía ¡una fiesta de superalimento! Un trocito de cáscara de limón de cultivo ecológico le da una dosis de frescor extra.

3-4 CUBITOS DE HIELO

opcional: unas hojas de menta

1 cda. de semillas de chía

½ limón exprimido

¼ de sandía (unos 500g)

115

Sueño de los mares del Sur

Mmm... mango: en la India se le llama desde tiempos remotos «fruto de los dioses» por su sabor dulce y su color amarillo dorado. Un mango maduro huele a dulce y su piel cede fácilmente a la presión. Combinado con plátano y lima, ¡este smoothie sabe realmente a vacaciones en el mar!

Consejo:
La lima puede sustituirse por un limón.

200 ml de agua

un puñadito de espinacas
(unos 20 g)

1 mango (de unos 300g)

el zumo
de 1 lima

2 cdas. de copos de coco

1 PLÁTANO

DRAGÓN DE FRAMBUESA

Las frambuesas no solo saben divinas, sino que también se recolectan superrápido. Las bayas goji ayudan a darle aún más color y las semillas de chia prometen... ¡energía de dragón!

OPCIONAL:

1 CDA. DE AZÚCAR DE FLOR DE COCO O XILITOL

150 g
de frambuesas

1 cda. de
bayas goji
remojadas

1 cda. de
semillas
de chía
(unos 15 g)

50 g de remolacha

100 ml de agua

FLU SHAKE

He aquí una bebida antigripal refinada
y bien cargada de vitamina C.
El jengibre fortalece el sistema
inmunitario y reconforta por dentro.
Hay que ser generosos con
la miel para que su dulzor
nos devuelva la alegría.

Consejo:
Se puede jugar un poco con
el sabor picante del jengibre, al
principio poner algo menos.

150 ml de agua

EL ZUMO DE 1 LIMÓN

El zumo de ½ naranja bio INCLUSO CON ALGO DE CORTEZA ESTÁ MUY RICO

5-6 G JENGIBRE (AL GUSTO)

1 kiwi (con cáscara)

1 MANZANA

1 CDTA. DE MIEL

o edulcorante vegano

BANANA COCO

Esta bebida de playa recuerda a una emocionante aventura en una isla de los mares del Sur. Las ricas semillas de cáñamo le dan una sugerente textura cremosa y también resultan chic de adorno. Como alternativa se puede probar con coco rallado.

JOE

1 cdta. de semillas de cáñamo peladas (unos 10 g)

1 plátano

200 ml de leche de arroz o de coco

4 o 5 dátiles

Ratón verde

¡La fusión del dulce y el verde! Con la piña entran ganas de vacaciones y las espinacas saben en zumo mucho mejor que hervidas, ¡te lo prometo!

un puñadito de espinacas (unos 30g)

1 kiwi bio (con cáscara)

200 g de piña

1 cda. de semillas de cáñamo peladas

200 ml de agua

125

Batido de higos

¡Un sueño de higos de las mil y una noches! Este smoothie sacia y es ideal para sustituir el desayuno. Si además se adereza con canela, su refinado sabor te transporta directamente a un mercado de especias del Lejano Oriente.

Consejo:
En lugar de higos naturales se pueden utilizar secos.

4
HIGOS
*(en remojo,
si son secos)*

1
plátano

UNA PIZCA
DE CANELA

250 ML
DE LECHE DE
ALMENDRAS

UN PUÑADITO DE
almendras en remojo
(unos 40 g)

Consejo:

Con ½ cdta. de semillas de lino el zumo es aún más nutritivo.

Chocorangina

Un smoothie especial para momentos mágicos. Porque la combinación del cacao y la naranja despierta sentimientos navideños. Las semillas de lino no solo son muy saludables, sino que además llenan. Antes de batir todo, es mejor molerlas.

1 cda. de cacao crudo en polvo

1 cda. de semillas de cáñamo peladas

1-2 cdas. de azúcar de flor de coco **o xilitol** ★

200 ML DE LECHE DE ALMENDRAS o DE AVENA

el zumo de 1 naranja

OPCIONAL:

UNOS NIBS DE CACAO DE ADORNO

Verde limón

Una bebida de limón muy fácil de preparar y mucho
más saludable que una «verdadera» limonada.
El plátano para el sabor dulce, el verde de las
espinacas dan la energía del sol, el limón pone
la nota chispeante y los dátiles ese algo especial.

Consejo:

Las espinacas se pueden
sustituir por canónigos.

200 ml de agua

2-3 cubitos de hielo
[EN VERANO]

el zumo de 1 limón

1-2 PUÑADITOS DE ESPINACAS   UNOS 30 G

5-6 DÁTILES

1 plá ta no

131

DaNuLe

Da = dátiles, nu = nueces, le = leche.
Un batido de nueces muy simple que es genial para beber
en el desayuno y como tentempié en cualquier pausa.
Si además le añadimos semillas de cáñamo, es más
nutritivo aún. Quien lo prefiera más ligero puede
sustituir parte de la leche
de avellana por agua.

Consejo:
Con una batidora de alto
rendimiento podremos saborear
también la nuez amazónica.

ñam...

5-7 dátiles

1 TAZA DE NUECES O AVELLANAS, REMOJADAS Y ESCURRIDAS

UNA PIZCA DE CANELA

250 ml de leche de avena

OPCIONAL:
Semillas de cáñamo peladas para que quede redondo.

Broco Lilly

¡El brócoli es una bomba de nutrientes!
Es fabuloso para los músculos, el sistema
inmunológico y contra todo tipo de enfermedades.
Las semillas de chía aportan energía y quien
lo prefiere más dulce puede añadirle plátano.

200 ml de agua

80g de flores de brócoli

1 plátano

1 manzana

1 CDTA. DE SEMILLAS DE CHÍA

1 CDTA. de azúcar de flor de coco o xilitol

Co = col y co = coco. Una bebida energética comprobada además de saludable, porque de esta forma es como la col verde tiene mejor sabor. Pero no se degusta bien hasta que se prueba. ¡Vamos allá!

Consejos

Se puede sustituir el agua de coco por agua mineral

2-3 hojas de col rizada
(o col verde), sin tallo

1 pera

250ml de
agua
de coco

1 plátano

5-6
dátiles

137

MANGO MANDY

Esta bebida está dedicada a una amiga que se llama Mandy. El nombre le va de maravilla aunque no es Mandarina. Pero este smoothie lleva precisamente eso. Tiene un color luminoso y es taaan dulce como un sueño en naranja.

3 MANDARINAS

100-150 ml de agua

1 CDA. BAYAS GOJI,

EN REMOJO (UNOS 30')

1 mango

FIT KID

¿Apio con naranja? ¿No lo has oído nunca?
¡Es fantástico! Con este smoothie nunca más
estarás enfermo. Si lo prefieres con
más gusto a naranja, basta utilizar más
zumo de naranja en lugar de agua.
El perejil aporta una dosis extra de hierro.

Consejo:

Con 1 cdta. de semillas
de chía remojadas, este
smoothie resulta aún más
superenergético.

2

tallos de apio

150 ml de agua

un poco de perejil

el zumo de
2-3 naranjas

1 manzana

endulzar
al gusto

BATIDOS

en un bol

White Star ☆

Todo en blanco y mucho mejor que una tableta de chocolate y coco. Los nibs de cacao que lleva por encima son un auténtico superalimento energético y además le ponen la nota supercrujiente.

Adornos

1 piña baby

2 cdas. de coco laminado

3 dátiles secos

1 cda. de nibs de cacao

LAS SEMILLAS DE
1 VAINA DE VAINILLA

200 ML
DE LECHE DE
ARROZ O COCO

1 plátano grande

2 cdas. de copos
de coco

2 cdas. de copos de avena

1 CDA. DE SEMILLAS DE CHÍA

AL GUSTO: 1–2 CDTAS.
DE SIROPE DE AGAVE

145

Sol de Capri

Los melocotones amarillos madurados al sol con una cremosa
mousse de almendras tienen el sabor auténtico del sur.
Con las temperaturas estivales este bol sacia y además
es sorprendentemente ligero. ¡Ya puede llegar el verano!

Adornos

2 cdas. de almendras

½ mango en daditos

un puñado de moras
al gusto

1 cda. de miel
o jarabe de arce

1 cda. de pistachos

1 cdta. de miel

3 CDAS. DE COPOS
DE CINCO CEREALES

2 cdas. de mousse de almendras

½ MANGO

2**
melocotones
o nectarinas
***

EL ZUMO DE
½ NARANJA

ELEFANTE *rosa*

Sencillamente gigante, también para los pequeños.
Y los padres pueden conseguir un color rosa fantástico
con las bayas y el yogur. Con muesli por encima
gustará incluso a los que rehúyan de la fruta.

Adornos

3 cdas. de granola crujiente
(ver receta en la p. 15)

Menta fresca

Fresas y bayas variadas
(frambuesas, moras
o arándanos)

1 cda. de miel

3 CDAS. DE YOGUR
O YOGUR DE SOJA

1 plátano pequeño

100 G DE FRAMBUESAS

100 G DE FRESAS

INDIAN SUMMER

La rica cosecha: los mejores frutos del otoño van a la batidora con unas crujientes avellanas y remolacha. Un bol que fortalece el sistema inmunitario y previene los resfriados con toda garantía.

Adornos

1 cda. de arándanos rojos

1 cda. de avellanas laminadas

1 cda. de polen de flores

2 cdas. de palomitas de amaranto o quinua

al gusto: 1 cda. de sirope de arce

⅛ L DE LECHE DE AVELLANAS

1 remolacha

pequeña (80 g)

2 CDAS. DE ARÁNDANOS SECOS

¼ cdta. de canela

12 avellanas

10 uvas
rojas (o azules)

2 ciruelas

1 manzana

(o 3 ciruelas damascenas)

151

HELLO, CHARLY YELLOW!

Quien piensa que los cacahuetes solo sirven para engordar
a los aburridos que comen patatas fritas en el sofá se equivoca.
Como otros frutos secos, proporcionan una buena cantidad
de proteínas y grasas saludables. Por eso, ¡bienvenido al bol,
Charly yellow!

Adornos

1 kiwi amarillo
y 1 kiwi verde en rodajas

2 cdas. de grosellas

1 cda. de semillas
de sésamo

1/3 DE PAPAYA

1/4 cdta. de *cardamomo* MOLIDO

1 cda. de crema de cacahuete

1 remolacha pequeña amarilla o roja

el zumo de 1 lima

½ PLÁTANO

mango

GRANDE

PEQUEÑO

1

Pepi Pimienta

La pimienta y el chile dan aquí el toque especial
para empezar rebosantes de energía de buena
mañana. Con la dosis justa y combinado con
la fruta y el coco, esto es picantito pero no mucho.

Adornos

1 plátano en rodajas

Sobre el plátano se espolvorea:

1 cda. de semillas de chía

1 cdta. de azúcar
de flor de coco

1 cda. de copos de coco

1-2 pizcas de copos de pimienta o chile

1 CAQUI

½ PIMIENTO NARANJA

1/2 MANGO PEQUEÑO

2-3 CHORRITOS DE ZUMO DE LIMÓN

al gusto:
1 CDTA. DE SIROPE DE AGAVE

10 physalis

Oasis verde

¿Con qué sueñan los sedientos nómadas del desierto?
Con el refrescante verde, dulces dátiles, cocoteros
y jugosas granadas. Ingredientes refrescantes que dan
fuerza y energía, y no solo para largas caminatas a pie...

Adornos

2 cdas. de raspaduras de coco

10 nueces pacanas
en trocitos

3-4 cdas. de granada

18 G DE COL
RIZADA TIERNA

180 ml de leche
de coco

250 g de

piña

pelada

3 dátiles
MEDJOOL SECOS

1/2
AGUACATE

PEA FOR TEA

¿A ti también te gustan esas finísimas láminas de chocolate con menta? En ese caso, prueba una cucharada de este tazón energético a base de guisantes llenos de proteínas, refrescante menta y crujientes nibs de cacao como adorno.

Adornos ♡

½ manzana verde en láminas

1 cda. de nibs de cacao

1 cda. de amaranto tostado

1 KIWI AMARILLO o VERDE

8 HOJAS DE MENTA

70 G DE GUISANTES CONGELADOS

1 PLÁTANO GRANDE

Mellow Yellow

Un trocito de una hortaliza verde y saludable sobre
un lecho de fruta amarilla, algo crispi y crunchi y una
pizca de salado por encima: así se convierte una formal
ensalada de frutas en un desayuno tranqui y cool.

Adornos

2 cdas. de chips de plátano troceados

1 cda. de arándanos rojos secos

2 cdas. de cacahuetes
tostados y salados

1 tallo
de apio

½ PLÁTANO

½ Mango

1
KIWI
amarillo

el zumo
de ½ naranja

100 g de piña

Ensalada rosada

¿Una ensalada para tomar a cucharadas y de un color rosa estridente además? Estupendo y mejor que el helado de frambuesa para desayunar. Ricas superbayas y otros superalimentos se suman a este rock and roll. ¿Quién es capaz de resistirse?

Adornos

3-4 fresas

2 cdas. de semillas de chía

2 cdas. de pipas de girasol

2 cdas. de frambuesas

1

AGUACATE

100 g de frambuesas congeladas

6 uvas verdes

5

4

3

2

1

3 hojas de lechuga romana

ISLA FLOTANTE

Mango, plátano y lima... solo falta la nuez de coco para alcanzar la felicidad tropical. Y ni siquiera eso, porque la tenemos en forma de una rica isla flotante por encima. ¡felices vacaciones!

Adornos

Menta fresca

1 fruta de la pasión

3 cdas. de yogur de coco (vegano)

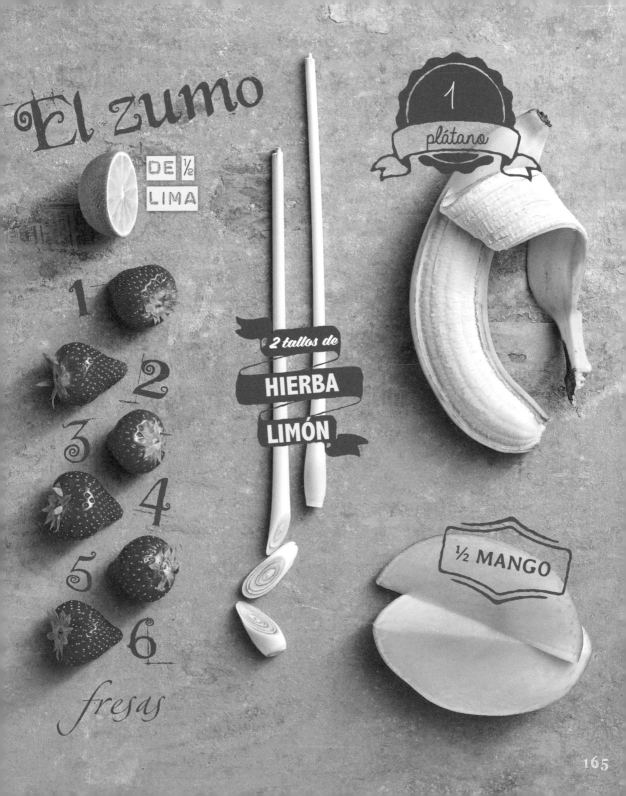

El zumo

DE ½ LIMA

1
platano

1
2
3
4
5
6

fresas

2 tallos de

HIERBA

LIMÓN

½ MANGO

Para todas las niñas pequeñas (y grandes) que adoran los caballos coloridos y los pastelillos dulces: este batido ofrece todo el sabor de un *cheesecake* con bayas y contiene además solo ingredientes saludables. Bueno, digamos que ¡casi solo saludables!

1 cda. de pistachos picados

1 cda. de almendras fileteadas

10 fresas pequeñas

2 cdas. de miel o jarabe de arce

un puñado de frambuesas

1 CDA.
DE ZUMO DE LIMA

1 biscote integral

LAS
SEMILLAS DE
1 VAINA
DE VAINILLA

1 aguacate
pequeño

150 ml de leche de almendras

Choquichoc Helena

La receta peras *Bella Helena* revisada y actualizada, o cómo convertir un postre algo desfasado en una idea para un desayuno moderno que está para chuparse los dedos. P.D.: a algunos también les gusta de postre...

Adornos

2 cdas. de arándanos rojos secos

½ pera en daditos

2 cdas. de nibs de cacao

al gusto

1-2 CDAS. de sirope
de agave

1 **P**látano

una pizca de
canela

150 ML
DE LECHE DE
AVELLANA

1 cda.
de cacao
crudo

40 g de avellanas

½ pera
Williams
madura

Blue Velvet

Una «crema de belleza» que actúa por dentro: las bayas tropicales de asaí no son las únicas que contienen antioxidantes, todas las superbayas de esta receta están llenas de esas sustancias que ayudan a conseguir una piel aterciopelada.

Adornos

2 cdas. de arándanos

2 cdas. de granos de granada

2 cdas. de moras blancas secas

50 g de puré de
ASAÍ CONGELADO

EL ZUMO DE ½ NARANJA

½ haba tonka rallada o las semillas de ½ vaina de vainilla

40 G DE CEREZAS AMARGAS,
deshuesadas

al gusto

1 cda. de sirope de agave

1 plátano
PEQUEÑO

40 G DE CADA:

frambuesas,

MORAS Y

arándanos

Beso de cereza

Este es el mejor beso para despertarse de buena mañana:
las cerezas se encuentran con el plátano, y la mousse de
almendras une a ambos en un enlace cremoso.

Adornos

1 cda. de nibs de cacao

1 cda. de palitos de almendras

2 cdas. de amaranto
o quinua tostados

150 g de cerezas amargas sin hueso

150 ml de leche de almendras

1 CDA. DE MOUSSE DE ALMENDRAS

las semillas de ½ vaina de vainilla

2 plátanos pequeños

173

Mister Muesli

¿Muesli con hortalizas? Pero ¡no es una hortaliza cualquiera! La energética raíz de la chirivía no solo proporciona una gran cantidad de vitamina C sino que además nos mantendrá saciados bastante tiempo.

Adornos

1 cda. de semillas de lino

1 cda. de pasas

1 cda. de arándanos

2 cdas. de avellanas laminadas

3 CDAS.

DE COPOS CINCO CEREALES

dos pizcas de canela en polvo

180 ml de leche de almendras

2 CDAS. DE ZUMO DE LIMÓN

50 g de chirivía

1 PLÁTANO

1 MANZANA

Green Princess

Su alteza verde es rica en vitamina C, se come con cuchara y sacia mucho. Con el frescor de la hierba, la acidez del limón y además afrutado, este bol ennoblecerá cualquier mesa de desayuno.

Adornos

1 cda. de semillas de chía

1 cda. de semillas de sésamo

1 cda. de bayas goji

1 manzana

dos puñados
de espinacas

1 CDA. DE ZUMO DE LIMÓN

1 plátano

1 KIWI

6 ramitas de albahaca

SIEMPREVERDE

Pensado para los que prefieren un desayuno contundente, este bol es un auténtico *evergreen*. Olvídate de la tostada con queso o el pan con jamón y toma una cucharada de verde. Delicioso, ¿no?

Adornos

al gusto *shichimi tōgarashi* para espolvorear por encima

2 cdas. de brotes de rabanitos

5 tomates cherry

2 cdas. de zumo de lima

sal y pimienta

dos pizcas de comino molido

100 G DE PEPINO

60 g de hojas de rabanitos

UN PUÑADITO DE CILANTRO

AGUACATE

150 G DE HINOJO

4 rabanitos

Bol Bombay

¿Te apetecen unas cucharadas de ayurveda?
El cardamomo y el azafrán sientan bien al estómago,
y los anacardos y el dulce mango ponen de buen humor,
igual que la mezcla multicolor de frutas.

Adornos

100 g de papaya en daditos

2 cdas. de granada

1 cda. de coco

50 g
de anacardos
(remojados toda la noche)

1 mango pequeño

UN CHORRITO DE ZUMO DE LIMA

una pizca de
azafrán en polvo

UNA PIZCA DE
CARDAMOMO MOLIDO

1 plátano

Otoño dorado

Así se resiste las tormentas otoñales y los resfriados: con este batido supercolorido fortalecerás tu sistema inmunitario. ¡Ya puede venir el invierno por muy frío que sea!

Adornos

1 naranja sanguina

2 cdas. de almendras picadas

1 cda. de nuez pacana picada gruesa

1 cda. de pistachos picados gruesos

100 g

1 caqui
supermaduro

de chirivia

EL ZUMO DE 1

naranja

2 CDAS. DE
ESPINO AMARILLO
↓

UNA PIZCA DE CANELA

3 tupinambos
(unos 120 g)

SOBRE LAS AUTORAS

Irina Pawassar prepara desde hace muchos años smoothies para su familia, amigos y compañeros de trabajo. Cursó estudios para convertirse en Raw Food Chef (chef crudivegana) en Estados Unidos, y ha cocinado platos en una serie de seminarios crudiveganos en Irlanda. Ya ha contagiado a muchos su entusiasmo por la alimentación simple y saludable. Como chef de cocina del restaurante Gratitude, en Múnich, ha creado numerosos smoothies de gran colorido, con un protagonismo especial de la clorofila. Hace seis años que no padece una sola gripe.

Cuando la cocina está en plena efervescencia, Tanja Dusy disfruta al máximo. Durante muchos años fue redactora de libros de cocina y pudo hacerse un nombre también como autora. De su libro *Smoothie: Obst-Power im Glas* se han vendido más de 120.000 ejemplares y es considerado un *long seller* entre los libros sobre zumos y batidos. Como buen profesional de cocina que es, Tanja ha desarrollado recetas que no solo funcionan sino que también tienen un toque especial. En el capítulo «Batidos en un bol» demuestra una vez más, cuan fácil es combinar una alimentación sana con un buen sabor.

ÍNDICE DE INGREDIENTES